ENQUÊTE OFFICIELLE

CANALISATION DE LA SEINE

DE PARIS A LA MER

Projet breveté d'invention le 15 Mai 1880

PAR

JULES ALLIX

Trois notes introduites dans l'enquête par Jules Allix

Quatrième note et notification du brevet d'invention du 15 Mai 1880 à Monsieur le Ministre des Travaux Publics et à la Société d'Études de Paris-Port de Mer

Figures A et B — Deux plans a l'appui

S'Adresser ou Écrire,
pour les Renseignements et pour la Société en formation,
à l'Auteur, au siège social de la Société de Construction,
62, rue Tiquetonne, Paris.

PARIS
IMPRIMERIE JEAN ALLEMANE
Rue Saint-Sauveur, 51
1890

PARIS-PORT DE MER

ENQUÊTE OFFICIELLE

CANALISATION DE LA SEINE

DE PARIS A LA MER

PROJET BREVETÉ D'INVENTION LE 15 MAI 1880

PAR

JULES ALLIX

TROIS NOTES INTRODUITES DANS L'ENQUÊTE PAR JULES ALLIX

QUATRIÈME NOTE ET NOTIFICATION DU BREVET D'INVENTION DU 15 MAI 1880
A MONSIEUR LE MINISTRE DES TRAVAUX PUBLICS ET A LA SOCIÉTÉ D'ÉTUDES
DE PARIS-PORT DE MER

FIGURES A ET B — DEUX PLANS A L'APPUI

S'Adresser ou Écrire,
pour les Renseignements et pour la Société en formation,
à l'Auteur, au siège social de la Société de Construction,
62, rue Tiquetonne, Paris.

PARIS

IMPRIMERIE JEAN ALLEMANE

Rue Saint-Sauveur, 51

1890

Tous droits réservés

TABLE DES MATIÈRES

CANALISATION DE LA SEINE

DE PARIS A LA MER

PROJET BREVETÉ D'INVENTION LE 15 MAI 1880

PAR

JULES ALLIX

I

Je suis titulaire et propriétaire d'un Brevet d'invention de quinze années, en date du 15 mai 1880.

Ce Brevet, ayant pour titre « *Le Moteur hydraulique perpétuel* », contient des *Applications prévues* et des *Travaux prévus aussi comme applications*, lesquels sont également brevetés d'invention, conformément à la loi.

Parmi ces Travaux et Applications prévus et brevetés est un Projet de canalisation de la Seine de Paris à la Mer, soit par Rouen, soit aussi directement sans avoir à passer par Rouen.

Dès 1880, j'ai fait des démarches en vue de la réalisation de ce Projet de canalisation de la Seine, compris au Brevet sous le titre de « *Canalisation directe de la Seine de Paris à la Mer* », et la figure 51e de l'Atlas du Brevet, que je reproduis ci-après (figure A), indique clairement les différents tracés brevetés. (Voir ci-après.)

Depuis, la Société dite d'études de *Paris-Port de Mer* s'est occupée de la Canalisation de la Seine, pour un projet allant de Clichy-Saint-Ouen près Paris jusqu'à Rouen, et c'est l'enquête officielle établie sur ce projet qui ramène forcément l'étude de tous les plans et projets existant en vue de doter Paris du bienfait de la grande navigation maritime.

Il est à souhaiter que la Société de *Paris-Port de Mer* obtienne la concession qu'elle sollicite, car, les fouilles de la Seine une fois faites dans tout son cours, de Saint-Ouen jusqu'à Rouen, la grande navigation étant alors assurée, tous les projets d'amélioration auront toute facilité pour se produire, ainsi que la Société d'études l'énonce elle-même en son Projet.

Si l'on devait s'en tenir aux travaux strictement utiles, les fouilles de la Seine dans tout son cours ne seraient peut-être pas nécessaires; mais il faudrait alors aborder mon Projet breveté, qui construit des coupes diverses au travers des différentes boucles de la Seine sur les deux rives, et notamment, par la rive gauche, le tracé d'un « *Grand canal latéral* », qui est pour ainsi dire en ligne droite de Paris à la Mer.

En 1880, lors de la prise de mon Brevet d'invention, il fut tout de suite indiqué que, sous le chemin de halage, rive gauche, le Conseil municipal de Paris ne manquerait pas de trouver l'avantage du Canal direct qu'il désire pour conduire les égouts de Paris jusqu'à la Mer. On me conseilla même, dans l'un des bureaux du Ministère, d'en faire la proposition directe au Conseil municipal de Paris. Mais une proposition directe pour un travail qui ne peut être que la conséquence d'un autre plus important, ce n'est pas précisément le mode logique.

Il fallait aborder et préparer la Canalisation directe de la Seine elle-même de Paris à la Mer, et les études s'en faisaient… quand la Société d'études de *Paris-Port de Mer* se fonda en vue de la canalisation de la Seine, de Saint-Ouen à Rouen, par le lit même de la Seine fouillé tout simplement.

Je vis avec plaisir ce projet prendre corps, et je me tins sur la réserve en vue du mien propre jusqu'à l'enquête officielle, — où la question est maintenant arrivée.

Il est clair que l'intérêt public primera toujours toutes les spéculations et que les grands travaux exécutés pour la Seine et l'amélioration de sa navigation seront toujours d'un immense profit pour l'avenir, — quoi qu'il arrive !

Je suis donc on ne peut plus désireux de voir la concession accordée et les travaux mis en cours d'exécution; mais, ainsi que je l'ai dit dans l'enquête, par mes Trois premières Notes, reproduites ci-après, il m'est nécessaire de mettre en regard mon projet personnel breveté d'invention, afin de sauvegarder les droits que mon brevet m'assure, d'une part, mais aussi pour que les pouvoirs publics, appelés à délibérer sur la concession demandée, puissent se décider en connaissance de cause, tant pour le présent que pour l'avenir, qu'il faut toujours envisager pour le succès des œuvres.

Par mes deux dessins, joints à cette Note nouvelle sur mon projet de « *Canalisation de la Seine de Paris à la Mer* », il est facile de se rendre compte de l'intérêt immense que tous les projets peuvent avoir à ce que l'autorisation demandée par la Société de *Paris-Port de Mer* soit accordée ; car, après, et pour moi en particulier, il ne resterait que peu de chose à faire pour mon propre Projet : 15 à 20 kilomètres, d'une part, et puis, de l'autre, 25 à 30 kilomètres seulement, et, pour toujours alors, la grande navigation maritime serait assurée, de Paris même (du centre), jusqu'à la Mer directement, soit jusqu'à Quillebeuf, où la Mer est elle-même.

Certes, si l'on prenait ces éléments d'amélioration pour bases premières, fouiller la Seine seulement dans le cours nécessaire pour relier les points extrêmes, ainsi que ceux où la Canalisation latérale doit toucher et épouser le cours même de la Seine, cela diminuerait grandement les dépenses et faciliterait beaucoup la grande canalisation projetée ; mais, dans les travaux de ce genre, qui demeurent ensuite établis pour le temps, les millions généreusement dépensés sont toujours profitables. Si la Société d'exécution spécule mal pour elle-même et les actionnaires, ce qu'elle fera sera toujours fait.

Si donc, je pouvais faciliter la concession demandée, je m'y emploierais de mon mieux ; mais, pour le bien public aussi, je ne puis m'empêcher de mettre en regard de la canalisation jusqu'à Rouen mon Projet breveté ; car, si ce n'est moi, le temps lui-même ne manquera pas de le réaliser. Mais, c'est aux pouvoirs publics, chargés d'administrer au mieux des intérêts de tous et de la France elle-même, qu'il appartient de décider, — sous la réserve, bien entendu, des droits acquis, — Riverains, Routes, Ponts ou autres, — agriculture et industrie, — et ce, sans préjudice, en tous cas, de tous ceux que pourra créer le progrès lui-même dans l'avenir.

Pour ne pas causer d'obstacle, je n'ai pas voulu présenter de demande particulière de concession pour mon propre Projet, estimant qu'il fallait laisser l'opinion publique se prononcer d'abord en vue du but général ; mais, les travaux une fois en cours, force sera de s'y employer, toutes les études préliminaires étant faites. Entre Paris, Rouen et la Mer, il n'y a pas de risque que les Chantiers demeurent par la suite en détresse comme ils le sont à Panama.

En regard donc du Projet mis à l'enquête, et dont l'exécution est désirable, il est bon de montrer les avantages de mon propre Projet, et tel a été le but de ma Troisième Note faite publique dans l'enquête officielle et reproduite ci-après.

Or, maintenant que la décision du Gouvernement est sur le point d'aboutir, les deux Projets mis en présence l'un de l'autre ne peuvent que s'éclairer mutuellement l'un et l'autre, et le plan de comparaison (figure B) que j'en publie, dit parfaitement, à la seule vue, ce que ma Troisième Note dans l'enquête a suffisamment expliqué.

Je ne présente ici, à l'appui de mon propre Projet, aucune considération spéciale, ne voulant en aucune façon nuire à celui de Saint-Ouen jusqu'à Rouen par le cours de la Seine ; mais qu'on lise ma Troisième Note ci-après, et les plans eux-mêmes des deux Projets étant réellement mis ici en regard l'un de l'autre, chacun est libre d'en apprécier les différences et les avantages spéciaux qui en résultent pour l'un et l'autre.

Une seule observation est à signaler, celle concernant l'emplacement du Port de Clichy-Saint-Ouen, en vue de l'espace nécessaire à prévoir pour les quais de déchargement et pour les Docks et Magasins utiles en vue de la grande navigation désirée. On trouve que l'intérieur de Paris n'est pas pour cela convenable, et l'on s'en éloigne, dit-on, à dessein ; mais on oublie que, de Suresnes, Saint-Cloud et Sèvres, jusqu'à l'intérieur de Paris, il ne manque pas, sur les bords de la Seine, d'espace libre à utiliser, et dans d'excellentes conditions, tout le long du Bois de Boulogne, de Boulogne, de Billancourt, d'Issy et même d'Auteuil. Ce n'est donc pas réel que l'on soit obligé de transporter le centre d'activité de Paris à Saint-Ouen, et c'est courir gros risque que de vouloir l'essayer.

Il faut bien convenir que le vrai port de Mer du Canal de Dieppe à Paris, qui doit avoir son port dans la plaine de Saint-Ouen, doit être un peu dans les prévisions de la Société d'études en instance ; mais, si c'est cela, que ne le dit-on !

Enfin, si l'on veut comparer les dépenses nécessaires pour l'un et l'autre Projets, il ne sera pas difficile de montrer que, si le chemin le plus court est toujours le meilleur, il est de plus le moins coûteux, étant donné que les constructions que je propose sont de nature à donner même des bénéfices aux actionnaires, en supprimant d'abord tout *alea* de construction ; en garantissant ensuite le canal contre les dépenses annuelles d'entretien que les envasements nécessiteront; et puis, de plus, en organisant une vaste exploitation de matériaux utiles, capable elle-même d'enrichir la navigation du Canal en question.

Je n'insiste pas davantage. Après que la Concession demandée aura été accordée, il sera temps pour moi de présenter mon propre Projet et d'en faire mieux connaître toutes les ressources, ainsi que les procédés et les différents avantages de son exécution, aussi bien d'ailleurs que toutes ses utilités spéciales, — toutes choses que la Société d'études de *Paris-Port de Mer*, qui ne devait pas vouloir empiéter sur mon Projet breveté, ne pouvait pas envisager.

JULES ALLIX

II

OBSERVATIONS RELATIVES AUX DEUX PROJETS MIS EN COMPARAISON PAR LES DEUX FIGURES A ET B, JOINTES A L'APPUI DES NOTES, Nᵒˢ 3 ET 4, DE JULES ALLIX DANS L'ENQUÊTE OFFICIELLE DE PARIS-PORT DE MER.

Comparons brièvement les deux Projets en question, en présence des deux plans, A et B, joints ici à l'appui du texte de ma Troisième Note, établie dans l'Enquête et ci-après reproduite.

Figure A. — Il est facile, *premièrement*, de voir, par le dessin, figure A, qui est l'exacte reproduction de la figure 51ᵉ de l'Atlas de mon Brevet d'invention du 15 mai 1880, que le Projet de Canalisation directe de la Seine, de Paris à la Mer, a prévu tout le tracé du Projet présenté en 1883 par M. Bouquet de la Grye.

Il a prévu et breveté notamment la coupe de toutes les boucles de la Seine sur l'une et l'autre rives, — et si le Projet mis à l'enquête ne propose que deux Coupures, l'une dite au Projet entre

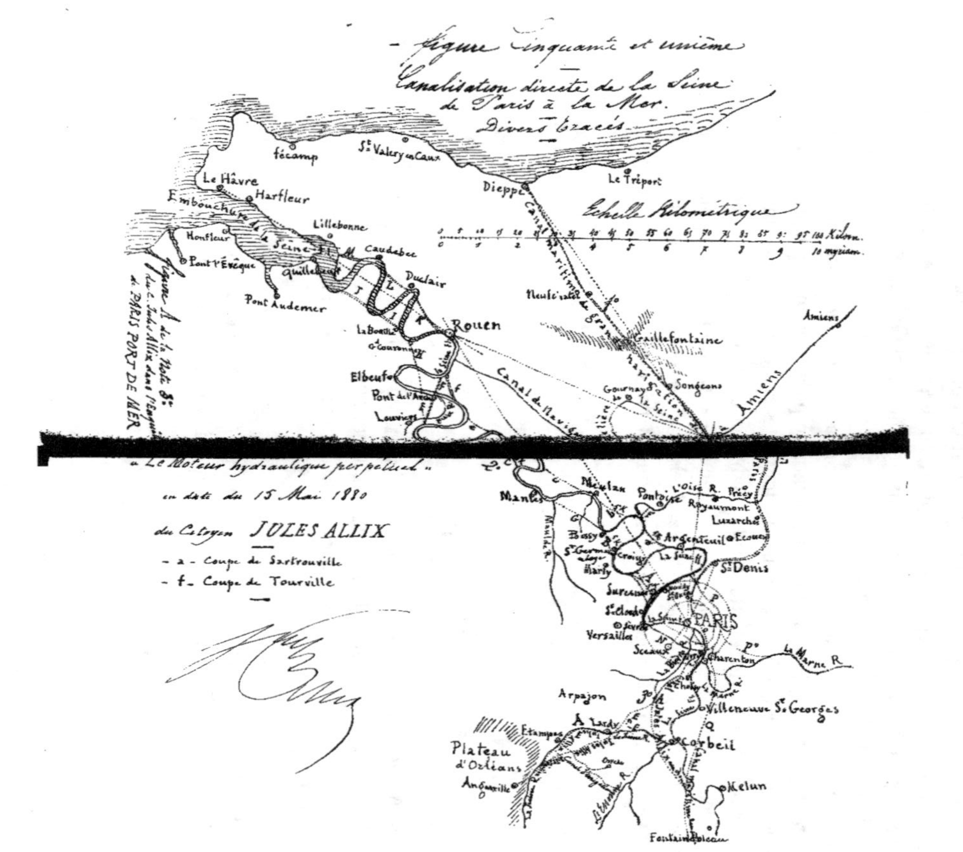

Figure cinquante et unième
Canalisation directe de la Seine de Paris à la Mer.
Divers tracés.
Echelle Kilométrique
« Le Moteur hydraulique perpétuel »
en date du 15 Mai 1880
du Citoyen JULES ALLIX
- a - Coupe de Sartrouville
- f - Coupe de Tourville
figure A de la Note 8ᵉ du C. Jules Allix dans l'Enquête de PARIS PORT DE MER
Fécamp
St Valery en Caux
Le Hâvre
Harfleur
Dieppe
Le Tréport
Embouchure de la Seine
Lillebonne
Honfleur
Caudebec
Pont l'Évêque
Seine
Quillebeuf
Duclair
Pont Audemer
La Bouille
Gournay
Rouen
Elbeuf
Pont de l'Arche
Louviers
Neufchâtel
Gaillefontaine
Amiens
Songeons
Gournay
Canal de Navigation
Canal maritime
Mantes
Meulan
Pontoise
L'Oise R
Précy
Royaumont
Luzarches
Bessy
St Germain en Laye
Argenteuil
Ecouen
Marly
Crouy
St Denis
Suresnes
St Cloud
Sèvres
PARIS
Versailles
Sceaux
Charenton
La Marne R
Arpajon
Villeneuve St Georges
Etampes
Lardy
Corbeil
Plateau d'Orléans
Angerville
Melun
Fontainebleau

Bezons et Sartrouville, et l'autre, entre Pont-de-l'Arche et Tourville, on peut les voir cependant, l'une et l'autre, marquées sur les dessins du Brevet, et notécs *a* et *f* de la figure 51ᵉ.

Il n'est pas nécessaire d'insister ici sur ce point.

Mais le Projet spécial, par moi préconisé tout particulièrement, pour la Canalisation directe de la Seine, de Paris à la Mer, par Rouen, ou dans la direction de la Bouille sans passer par Rouen, s'y peut voir également dans la direction de la rive gauche de la Seine, — et c'est là tout ce qu'il importe de constater à cet égard pour le moment.

———

Figure B. — *Deuxièmement*, la figure B représente en regard l'un de l'autre, les Plans-Croquis des deux Projets : 1° Le Projet breveté de Canalisation directe de la Seine de Paris à la Mer par Jules Allix, teinté *rouge* ; et 2° le Projet Bouquet de la Grye, soumis à l'enquête officielle, teinté *bleu*.

Il est à noter que ces deux projets ne se font point obstacle l'un à l'autre, et que par conséquent ils se peuvent adopter l'un et l'autre.

A notre sens, il est souhaitable qu'on les exécute tous les deux ; car, pour des travaux de cette importance, dont les bienfaits se multiplient ensuite par le temps, et par les services qu'ils rendent, le mieux est toujours préférable au trop peu.

La preuve en est dans tous les Canaux construits en France jusqu'à ce jour, et qui sont tous maintenant à refaire, vu leur insuffisance de largeur et de profondeur.

Et la preuve en est aussi dans les beaux travaux qui ont été exécutés par les Ponts-et-Chaussées pour la Seine elle-même, lesquels, après *dix ans seulement*, sont déjà reconnus insuffisants, même par les Ponts-et-Chaussées qui les ont faits, et qui, pour ne pas se déjuger tout-à-fait, manifestent pourtant le désir de les améliorer, en portant la profondeur de la Seine à 4 mètres au lieu des 3 mètres 20 c. obtenus.

Mais 3 m. 20 de profondeur ou 4 mètres, c'est sensiblement la même chose, — et ce n'est pas cette différence qui peut suffire pour satisfaire aux développements de la navigation actuelle.

Il faut à Paris les grands navires. C'est à ce prix seulement que l'on aura les résultats des Grands Ports d'Anvers, Londres et autres lieux importants.

Ce qui convient dans l'exécution, c'est d'éviter les dépenses inutiles, et ce qui convient aussi, c'est de diriger les travaux pour leur meilleure exécution, aussi bien que pour celle qui est la plus économique, la plus pratique, la plus rapide, et sans *alea* d'aucune sorte. Ce n'est pas en tous cas de lésiner pour des économies insignifiantes.

Quand l'utile nécessaire est obtenu, ce sont les services mêmes qu'il produit qui font faire ensuite leurs développements normaux, — qu'on peut pourtant prévoir. On arrivera sûrement à amener la Mer elle-même à Paris, — et le chemin naturel pour y arriver, c'est d'y conduire d'abord la navigation maritime par la Canalisation de la Seine, et la Canalisation rapide, la plus sûre et la plus économique en même temps, c'est la Canalisation directe de la Seine, de Paris à la Mer, selon le Projet Jules Allix, mon propre Projet breveté.

———

Sans rien changer au régime actuel de la Seine, il assure la grande navigation sans faire courir aux capitaux engagés aucun risque de perte. Il leur donne au contraire des bénéfices certains. Mais, je répète que je ne verrais pas sans plaisir l'exécution de la Canalisation proposée de Saint-Ouen à Rouen, et que, pour ce motif, je me réserve et conserve et maintiens mon droit breveté jusqu'après la décision à intervenir quant à l'autorisation ou concession de Canalisation demandée.

———

On parle, d'autre part, de reprendre la grande idée du Canal, véritablement maritime, celui-là, de Dieppe à Paris par Beauvais, — pour amener réellement la mer elle-même à Paris, dans la plaine de Saint-Ouen précisément. Que si l'on s'en occupe sérieusement, le capital social de la Société du Canal de Saint-Ouen jusqu'à Rouen sera bien compromis. N'importe! Le travail fait, s'il est utile, sera toujours là pour que tous les projets futurs en puissent faire leur profit. C'est donc bien que les grands travaux de la Canalisation projetée s'exécutent rapidement.

———

Quant aux différences entre mon Projet breveté d'invention et le Projet proposé et mis à l'enquête, il me suffit ici de ne retenir que la comparaison des distances, dont le résultat est tel que, quoi qu'on dise, cette circonstance seule peut faire juger de tout l'avenir et du succès final de l'œuvre : c'est cette comparaison qui a fait l'objet de ma Troisième Note de l'enquête reproduite ci-après.

Par le projet Jules Allix, la distance directe n'est que de 136 kilomètres de Paris à la Mer, soit à Quillebeuf.

Par le Projet Bouquet de la Grye, en suivant presque tout le cours de la Seine, et par Rouen, sauf les coupures des boucles entre Bezons et Sartrouville et entre Pont-de-l'Arche et Tourville, le même parcours, entre Paris et Quillebeuf, ne compte pas moins de 266 kilomètres, — c'est 130 kilomètres, environ la moitié de différence et de bénéfice de distance pour la navigation en faveur de mon Projet breveté contre la canalisation en question, — et la navigation, par la canalisation directe de Paris à la Mer, coûtera ainsi *moitié moins*, toutes autres choses égales, que la même navigation par Rouen et par le canal projeté jusqu'à Saint-Ouen, — avec cet avantage encore qu'on arrivera réellement à Paris, au lieu d'avoir à décharger à 8 kilomètres de là, dans les Docks de Saint-Ouen. Il s'ensuit forcément que les calculs pour le canal Bouquet de la Grye sont assurément gros de déceptions pour leurs résultats à venir. Sur les 5 millions de tonnes calculées, il n'est pas exagéré de penser que plus de la moitié se garderont bien d'aller se déposer au port de Saint-Ouen. Alors, que deviennent les garanties des actionnaires, dont la spéculation fondamentale se base, on le sait, sur le grand mouvement des affaires transporté à Saint-Ouen ? — C'est donc là une illusion manifeste.

Si l'on considère la distance entre Paris et Rouen seulement, la différence est de 70 kilomètres de moins pour la navigation par le Projet Jules Allix sur les 185 kilomètres 680 mètres du Projet Bouquet de la Grye.

Que si l'avis favorable du gouvernement et l'avis, favorable aussi, du Parlement conduisent cependant à la concession demandée, nous nous en réjouirons ; mais en même temps notre propre projet breveté introduit dans l'enquête se présente naturellement comme nécessité d'exécution immédiate, et c'est ce que nous souhaitons. La question financière est relativement alors peu de chose, car même elle n'est alors rien autre chose qu'une question de bénéfices certains sans aucun *aléa* ; mais, je le redis, en pré-

sentant mon propre Projet, je n'ai pas le désir d'empêcher l'adop-
tion de la Canalisation projetée de Saint-Ouen jusqu'à Rouen, j'es-
père au contraire en profiter.

Un simple rapprochement des deux tracés proposés en dit plus,
à l'œil seulement, que toutes les considérations techniques et que
tous les lieux communs de la médiocrité qu'on ne cesse de mettre
en avant, afin de taxer d'utopie les travaux grandioses des tunnels
par moi proposés. Que l'on sache donc que ces tunnels spacieux,
éclairés pendant le jour et la nuit à l'électricité, sont de grandes
voies toujours ouvertes, même sur les côtés pour les piétons et les
voitures, et qui, une fois créées, assureront mieux la défense pa-
triotique dont on parle, que tous les ponts coupés et tournants qui,
eux, ne manqueront pas d'embarrasser tout le monde.

Enfin, et pour finir, devant la Chambre des Députés, nous
mettons simplement en regard l'un de l'autre les deux Projets proposés, espérant qu'ils recueilleront, l'un et l'autre, et ensemble, un
avis public également favorable en vue de leur double exécution ;
car, au fond, c'est ce que la Société d'études de Paris-Port de Mer
aurait dû, selon nous, mieux comprendre déjà et elle-même désirer.

Elle eut alors combiné toutes les chances en sa faveur, au lieu
de s'en rapporter uniquement à des vœux généreux et multipliés,
que l'étude souvent n'a pas pu mûrir suffisamment ; mais vouloir
demeurer dans les humbles médiocrités, dont on se fait un bou-
clier d'habileté contre les utopies dites grandioses, c'est s'exposer à
échouer.

J'attends donc avec confiance le vote du Parlement ; car, toutes
les études d'exécution étant maintenant faites, je n'aurai plus, après
ce vote, et quel qu'il soit, qu'à procéder à la constitution de la
Société actionnaire de construction, ainsi qu'à l'émission de la
souscription publique nécessaire pour l'exécution, — Société dont
les statuts sont d'ailleurs préparés et n'ont plus qu'à se déposer
aux minutes du notaire qui les a rédigés.

JULES ALLIX

62, rue Tiquetonne, Paris.

III

NOTES PRODUITES DANS L'ENQUÊTE OFFICIELLE DE PARIS-PORT DE MER

PAR JULES ALLIX (1)

Première Note

« Paris, le 18 septembre 1890.

« *A Monsieur le Ministre des Travaux publics.*

« J'ai l'honneur d'appeler l'attention de M. le Ministre sur ce que le titre de Paris-Port de Mer n'a été qu'un trompe-l'œil pour attirer l'attention publique, qui avait été éveillée par le grand projet autrefois exposé du Canal de Dieppe à Paris, qui faisait de Paris un véritable Port de Mer. D'autre part, les grandes dépenses indiquées pour le creusement de la Seine dans la plus grande partie de son parcours sont une cause que d'autres projets ont pu être proposés, et qui semblent devoir donner de meilleures garanties. — Ceci n'est pas une critique, mais un Rappel d'un Projet indiqué par le signataire et déposé et, de plus, breveté par lui-même le 15 mai 1880.

« JULES ALLIX

« *62, rue Tiquetonne, Paris.* »

Deuxième Note

« Paris, le 16 octobre 1890.

« *A Monsieur le Ministre des Travaux publics,*

« Le 18 septembre 1890, dès l'ouverture de l'enquête, j'ai écrit une note que l'on peut lire plus haut. Je me réservais l'étude du Projet que j'ai pu faire depuis.

---

(1) *Trois Notes produites dans l'Enquête officielle ouverte le 15 septembre 1890 sur le projet dit Paris-Port de Mer, à l'Hôtel de Ville de Paris, et Quatrième Note pour la notification du Brevet d'Invention du citoyen Jules Allix, dit « le Moteur hydraulique perpétuel », en date du 15 mai 1880.*

Si la bonne foi était l'âme des affaires, — aussi bien que les Ingénieurs, le Gouvernement devrait chercher à s'en inspirer. Mais, comme l'on dit, les affaires sont les affaires et, coûte que coûte, on en veut faire.

Le *Paris-Port de Mer* est un exemple colossal de ce que la spéculation peut oser.

Le plan grandiose exposé au Palais de l'Industrie d'un Projet de Canal maritime de Dieppe à Paris, dit Projet Lebreton, et qui avait précisément pris ce titre de *Paris-Port de Mer*, ayant créé à cette expression une idéalité sympathique, une Société s'est imaginé d'en tirer parti pour elle même, et d'oser proposer, pour le réaliser, une *simple canalisation de la Seine* (de Paris à Rouen).

Or, sous le même titre de *Canalisation de la Seine de Paris à la Mer*, il existait un Projet spécial, dont l'idée a été émise par le signataire de cette Note et brevetée en son nom par un Brevet d'invention en date du 15 mai 1880.

La *Canalisation de la Seine* proposée et brevetée par le citoyen Jules Allix, le 15 mai 1880, alors que le Gouvernement et le Conseil municipal de Paris avaient décidé et voté les grands travaux d'amélioration du cours de la Seine, — qui ont été depuis exécutés, — pour donner à la Seine un tirant d'eau régulier de 3 mètres jusqu'à Paris, — avait envisagé que la dépense de 160 millions, faite pour l'amélioration du cours de la Seine, était une dépense considérable utile, qui assurait à toujours le service important de la batellerie de la Seine, ainsi que celui de toutes les batelleries diverses à ajouter par la suite pour tous les canaux annexes des Rivières circonvoisines, que l'on pourrait, en effet, presque partout canaliser, pour leur donner un cours régulier, avec un tirant d'eau suffisant pour les rendre navigables.

Or, par le Projet exposé à l'Enquête, les travaux déjà faits ne sont pas seulement rendus inutiles et destinés presque à la destruction, il sont menacés de devenir des épaves et des ruines, avant même que le temps ait pu permettre de les utiliser sérieusement. Les affaires sont les affaires. On a dépensé 160 millions pour les travaux d'amélioration simple, et l'on parle maintenant d'un devis de 134 millions pour donner un canal régulier de 6 m. 20 de profondeur, avec une largeur proportionnée allant jusqu'à 45 mètres. Eh bien ! je pense que ce calcul est peu sérieux ; j'ajoute même que je crois que ceux qui le proposent ne font encore pour ce calcul que ce qu'ils ont fait pour le titre, un simple appât sur le prix même, après avoir tout d'abord compromis leur désir et leur œuvre par une annonce pompeuse et par un titre que l'œuvre même ne justifie.

On appelle *Port de Mer* un port où la mer vient, et c'était en effet le cas du Projet Lebreton. Or, jamais Rouen n'a été port de mer ; comment alors Paris pourrait-il l'être, si c'est la Seine seule qu'on utilise de Rouen à Paris ? Il ne faut pas ainsi broncher sur la bonne foi.

Mais, passons aux auteurs la supercherie de leur titre. Si l'œuvre en elle-même est bonne, quelque hardiesse de langage doit se pouvoir permettre pour y appâter l'opinion.

Que l'Administration s'y laisse prendre et le tolère pour que la spéculation soit surprise, c'est ce que l'on ne peut guère supposer, — et la loi justement a prescrit les enquêtes pour pouvoir mettre juste au point les œuvres importantes.

Si je n'étais l'auteur du Projet de *Canalisation directe de Paris à la Mer* par la Seine et par Rouen, aussi bien que par le Havre, et puis directement aussi, sans avoir à passer par Rouen, par le système de la coupe des boucles de la Seine, dont les brochures de ces messieurs ont l'air de faire fi, sous prétexte que l'économie de distance est peu de chose, quand cependant ils accusent avec fracas une économie de 30 kilomètres résultant d'une coupe à Pont-de-l'Arche, qui est indiquée dans mon Brevet ; si, dis-je, je n'étais l'auteur du Projet des coupes des boucles de la Seine, sur les deux rives, projet qui économise 105 kilomètres de distance sur celle qui est actuelle, j'établirais la comparaison des projets ; mais je n'ignore pas que l'enquête est ouverte sur un projet exposé, non sur le mien, et je m'abstiens, pour le moment ; mais, ayant lu les brochures, qui ont fait allusion à mon projet, sans le nommer, en parlant de la coupe de toutes les boucles de la Seine, afin de dire qu'ils les évitent, vu que l'activité de la navigation y pourra suppléer, je suis obligé de me reporter au titre du projet mis à l'enquête et de reconnaître que si, en bonne foi, il n'est pas justifié, il ne paraît pas que les auteurs soient plus heureux pour justifier leur défaut de logique, en ce qui concerne l'économie de distance par la coupe de trois boucles, dont ils ne veulent pas faire la proposition, parce qu'ils savent que ce serait entrer dans le domaine d'un autre projet dont l'idée est brevetée.

Et même, est-ce une habileté du plan exposé qui a pu faire dresser ce plan de manière à dissimuler à l'œil la boucle de Bonnières, qu'il serait si facile de couper en tunnel ?

Mais, s'il se trouve en France quelque esprit qui consente à se contenter d'une Seine canalisée comme on le propose dans le Projet exposé, pour remplacer le cours et les bords de la Seine existants ; pour moi, qui ne me satisfais pas uniquement par les fouilles, les déblais et les remblais, et qui consulte réellement les riverains pour leurs droits acquis antérieurs, j'ai peine à croire qu'un Parlement français puisse être capable de voter tous les comblements proposés, tous les ponts coupés et transformés en ponts tournants, toutes les promesses et les calculs aléatoires que l'on fait, — autant de ruines préparées, — pour les expropriés aussi bien que pour la Société actionnaire, — qui dit bien qu'elle ne demande pas de subvention de l'État, — pour l'exécution elle-même, — mais qui ne pourra pas, elle-même non plus, offrir ni donner aucune garantie pour l'exécution même, lorsqu'il sera dit que, le canal fait, la coupe seule des boucles délaissées dont je me réserve le droit, ruinera la Société du Canal par cette abréviation de distance, que ces messieurs ont cru devoir négliger.

Ces messieurs trouvent qu'une économie de 34 kilomètres de navigation peut être quelque chose, mais il n'est pas utile, selon eux, d'en économiser davantage.

C'est assez ! j'aurais l'air d'avoir du regret des études qui ont été faites, tandis qu'en réalité cette grande idée de la navigation de la Seine avec un tirant d'eau de 6 m. 20, est une idée proposée par moi en mon brevet, et qui a, on le voit, déjà fait quelque chemin, grâce au Projet mis à l'enquête, qui ne sera pas, lui, réalisé, mais qui servira à mettre en lumière tous les plans d'exécution proposés.

Il est, d'ailleurs, une question que les ingénieurs n'ignorent pas, c'est que pour les canalisations sérieuses des grands fleuves, pour parer aux inondations, *toujours certaines dans le temps,* — il ne faut procéder que par des *Canalisations latérales,* tandis que le Projet exposé est ruiné par cela même qu'il tend à remplacer le cours naturel du fleuve par un cours factice quoique régularisé

par des écluses, — qui assureront les inondations au lieu de les éviter.

Et, pour me résumer, je rappelle que je fais des vœux pour l'exécution de la Canalisation de la Seine, même telle qu'elle est proposée, — me réservant moi-même d'en profiter par la suite en exécutant mon projet breveté, — qui a pour lui d'autres avantages encore que d'assurer le plus court trajet et de fournir à la ville de Paris le canal d'égouts désiré jusqu'à la mer, — et l'avantage surtout de ne porter atteinte à aucun intérêt établi : — riverains, routes, batellerie et cours de la Seine elle-même. J'eusse compris que ce grand Projet fût une œuvre d'intérêt public, et que l'État s'y employât au nom de la France elle-même; mais, dès qu'elle se présente comme une affaire d'actionnaires, dont les premiers, les habiles, bénéficient toujours lors des émissions, pour laisser la perte aux autres, je conçois que l'on ait hâte d'en venir à cette première conclusion — d'une Société actionnaire en vue de grands travaux à exécuter, et je n'aurai garde de troubler cette danse des capitaux par aucune motion intempestive, d'autant que j'ai expliqué que mon Projet personnel ne pourra lui-même dans la suite qu'en profiter.

« JULES ALLIX
« 62, rue Tiquetonne, Paris. »

Troisième Note

« Paris, le 28 octobre 1890.

« *A Monsieur le Ministre des Travaux publics.*

« Le Projet mis à l'enquête de « Paris-Port de Mer », ramène forcément l'étude des différents projets proposés sous ce titre en vue de mettre Paris et sa navigation en rapport direct avec la Mer.

L'Enquête actuelle ne porte que sur une simple canalisation nouvelle de la Seine de Clichy-Saint-Ouen à Rouen.

C'est un élément de la question ; ce n'est pas une solution réelle, nous l'avons dit déjà en nos deux notes précédentes, que nous rappelons, celle-ci devant établir une comparaison que nous avions voulu différer, mais qui est nécessaire maintenant.

Tel qu'il est conçu, le Projet de canalisation de la Seine, de Paris à Rouen, mis à l'enquête, est un grand travail de canalisation non seulement réalisable, mais très bien étudié et parfaitement acceptable.

Réalisera-t-il une amélioration? — Sans aucun doute.

Profitera-t-il à la Société actionnaire d'exécution ? — C'est une autre question que l'avenir seul peut démontrer.

Il profitera toujours à la Navigation de la Seine en elle-même, et son exécution à ce point de vue est désirable, sinon pour tous détails, au moins quant à son but.

Si, après cette exécution, quelque projet, plus profitable à la Navigation générale en elle-même, se présente, force sera que la Société actionnaire subisse les effets de ses calculs insuffisants, surtout lorsqu'il est démontré que des Plans supérieurs au Projet proposé sont connus, indiqués, également proposés et de plus brevetés, pour que nul n'en puisse ignorer.

Or, le plan général de la Canalisation directe de la Seine, de Paris à la Mer, par Rouen et le Havre, aussi bien que de Paris à la Mer directement, sans passer par Rouen, est un projet breveté le 15 Mai 1880, au nom de son auteur, le citoyen Jules Allix, le signataire de cette Note.

Nous ne voulons aujourd'hui rien faire qui se puisse opposer à la réalisation projetée et mise à l'enquête du Canal de la Seine, de Paris à Rouen, en suivant le cours de la Seine elle-même. Nous souhaitons au contraire son exécution positive et rapide ; mais nous voulons aussi mettre en regard le Projet général par nous proposé et breveté, afin de faire comprendre tout l'intérêt que nous pouvons avoir nous-même à l'exécution proposée.

Le Canal de la Seine, mis à l'enquête officiellement, n'est pas un Canal maritime proprement dit, c'est une simple canalisation de la Seine, de Saint-Ouen à Rouen, sur une longueur indiquée de 185 kilomètres 680 mètres, avec la coupe de deux boucles de la Seine, coupes que nous avons nous-même indiquées et brevetées comme utiles en cas de canalisation de la Seine par la rive droite, comme on le verra. Les dimensions de 6 mètres de tirant d'eau sont celles par nous proposées, et les détails d'exécution et les études tendant à porter la hauteur de l'eau à 7 mètres, pour avoir toujours la profondeur désirable, sont des détails d'étude qu'on ne peut qu'approuver.

Une seule chose est à noter, — et là, le Plan et le Projet à l'étude et à l'enquête pourraient être sujets à critique ; mais mieux vaut ne rien critiquer, puisque l'exécution quand même est désirable et à souhaiter.

Mais, sans critique aucune, force est de mettre en regard du Plan et du Projet mis à l'enquête, le Plan par nous-même proposé, pour bien faire juger ainsi des conséquences et de l'utilité, pour la Société actionnaire, des travaux importants qu'elle va devoir exécuter.

Dans le premier Mémoire de la Société, une Note, que nous pouvons considérer comme écrite à notre intention, discute l'inutilité de la coupe relativement facile de trois boucles sur cinq du parcours de la Seine entre Paris et Rouen. On en coupe deux sur la rive droite, en négligeant les trois plus petites sur la rive gauche, — et l'on en donne pour motifs des raisons que je ne discute pas, mais que je trouve en tous points mal fondées, sans en rien dire davantage.

Quant aux coupes des deux boucles de Tourville et de Sartrouville, elles sont comprises en mon brevet, qui a indiqué les coupes des boucles de la Seine sur la rive droite et sur la rive gauche, tout en indiquant une préférence pour mon Projet par la rive gauche en vue de la Mer ; mais je fais ici bon marché, pour le moment, de ces discussions, importantes cependant. Que le plan s'exécute tel qu'il est proposé, je le verrai, je le répète, avec le plus grand plaisir ; mais je mets en regard de cette exécution désirable : « Mon Plan et Mon Projet, — par moi breveté le 15 mai 1880, ainsi que le dessin compris en l'Atlas du brevet et sa description officielle, qui font en ma faveur foi graphiquement et sans conteste. »

Je reproduirais, s'il le fallait, le texte même de la description du Brevet et les légendes de ses figures à l'appui dans l'Atlas ; mais je passe sur ce point et j'arrive simplement à la comparaison succincte des avantages de mon Projet breveté, ce qui me suffit présentement.

———

Figure A. — Nota. — On peut voir, ci-joint, la reproduction fidèle de la figure 51e de l'Atlas du Brevet, qui concerne *la Canalisation directe de la Seine de Paris à la Mer,* — avec divers tracés, pour les coupes des boucles de la Seine sur les deux rives, en

vue de Rouen et du Havre, ou vers la Mer directement. J'y ajouterai
les légendes pour l'explication des lettres. Je mettrai également à la
disposition du lecteur les Extraits de la Description officielle du
Brevet, pour ce qui regarde Mon Projet général de Canalisation de
la Seine vers la Mer directement, et vers Rouen, ainsi qu'en direction vers le Havre. — On a exécuté depuis le canal de Tancarville,
qui est un élément important qui n'a pas été signalé, — vu l'es-
tuaire de la Seine dont le Brevet *n'a pas* parlé.

Que l'on examine donc les deux Plans; que l'on étudie les
projets, et puis enfin que l'on argumente comme l'on voudra et
tant que l'on voudra, les résultats précis, les voici :

Le Projet mis à l'enquête donnera à la canalisation de la Seine,
de Saint-Ouen à Rouen, grâce aux deux coupes de Sartrouville et
de Tourville, que Mon Brevet revendique, une longueur de navigation totale de *185 kilomètres 680 mètres.*

— Cela, à une distance de 8 kilomètres du centre de Paris, —
ce qui fait que l'on déplace réellement le centre actuel de navigation
dans Paris.

Mon Projet, à Moi, débouchant à Suresnes, Saint-Cloud et
Sèvres, une grande partie de la grande navigation peut venir, par
suite, à Paris même jusqu'aux ports intérieurs du quai d'*Orsay* et
de *Saint-Nicolas* ; — voilà pour le point de départ dit Paris, qui,
dans le Projet à l'enquête, n'est réellement qu'à Clichy-Saint-Ouen
près Paris, à 8 kilomètres du centre.

Il suffit donc de se reporter au dessin officiel de l'Atlas de mon
Brevet du 15 mai 1880 (dont copie exacte est ci-contre) pour rap-
peler mon droit de propriété incontestable. Je mettrai de plus en
regard tous les projets de canalisation proposés, également consi-
gnés en mon Brevet et se rapportant à la Seine, en vue de Paris-
Port de Mer ; puis je ferai la comparaison des distances ainsi que
celle du temps et de la durée de la navigation pour le Projet à
l'enquête et pour le mien ; on sera par cela à même de bien juger
de tous les avantages proposés. On pourra de même aussi se rendre
un compte exact des progrès futurs à réaliser, ainsi que des différents développements qui se feront nécessairement par la suite,
puisque l'idée en est posée et que l'exécution en est absolument

facile, — avec le temps, s'il le faut, et même aussi très rapidement, si on le veut.

Il y aurait peut-être avantage à laisser la Seine en l'état où elle est, pour ne lui donner de profondeur qu'aux parcours nécessaires , pour l'exécution de mon Projet : mais je ne suis pas de ceux qui marchandent la générosité des actionnaires voulant doter la Seine d'une profondeur de 7 mètres de tirant d'eau dans tout son cours jusqu'à Paris, — d'autant plus que, ces travaux une fois faits, ils profiteront toujours ensuite à qui voudra les employer, comme cela a toujours lieu pour tous les progrès réalisés.

160 millions ont été dépensés pour les travaux exécutés depuis dix ans. La construction du canal de Saint-Ouen à Rouen, en proposant de les annihiler, avant que la navigation de la Seine ait pu les récupérer, est un exemple que les 200 millions que la Société actionnaire va pouvoir dépenser, pour une amélioration nouvelle, ne seront pas plus perdus pour le travail utile que les 160 millions de l'Etat et de la ville de Paris (1) ne l'ont été ; car, ce qui a été fait devant profiter en partie aux travaux actuellement proposés, les projets ultérieurs ou ceux antérieurs brevetés, étant aussi réalisés, profiteront de même grandement de toutes les dépenses que va occasionner la construction proposée de Clichy-Saint-Ouen jusqu'à Rouen, — dont, forcément alors, les coupes et les tunnels par moi proposés auront aussi grandement à se louer.

Quoi qu'il en soit, l'état de la question est celui-ci :

La Société obtenant la concession du Canal mis à l'enquête, nul ne pourra m'empêcher dans la suite d'exécuter mon Canal antérieurement proposé ou projeté et breveté. Je ne discute pas la question des finances, cela viendra en temps utile. — Mais, quant à celles des distances et de l'intérêt public, — lesquelles primeront toujours, et quand même ! — une simple comparaison suffit ; car, pour ceux qui connaissent le prix du temps, et l'avantage d'arriver *premier* sur un marché quelconque, — il n'y aura pas à discuter.

Or, par le Projet à l'enquête, il y aura, pour la navigation, 185 kilomètres 680 mètres, de Rouen à Saint-Ouen. Je suppose le

---

(1) NOTA. — *Ma troisième Note commencée le 28 octobre a été interrompue, le soir, par la fermeture du Bureau, à 5 heures, page 23 du cahier de l'Enquête. — Ce qui suit a été consigné le 30 octobre, pages 25 et suivantes du cahier de l'Enquête.*

même parcours pour mon Projet, lequel arrive, lui, au lieu de Saint-Ouen, à Suresnes (Saint-Cloud et Sèvres), et, de là, au centre de Paris, — le navire tout chargé, — jusqu'au point central pour ainsi dire, — les Halles Centrales et la Bourse du Commerce ; — quelle est la différence ? — Lisez :

Je ne parle, d'abord, que du Projet de Paris à Rouen.

Vous allez de Saint-Ouen à Rouen ; je vais, Moi, de Rouen jusqu'au Centre de Paris (par Suresnes, Saint-Cloud et Sèvres).

Or, retranchant 15 kilomètres 680 m. pour l'arrivée à Rouen, qui sont communs aux deux projets (à partir de la Coupe de Tourville ou d'Oissel), la comparaison est facile pour le reste, et vous pouvez le vérifier : la distance à Saint-Ouen, pour votre navigation en courbes diverses, avec écluses et ponts tournants pour les ponts coupés (au nombre de 28), est de 170 kilomètres jusqu'à la coupe d'Oissel.

La distance analogue pour mon Projet, en ligne presque droite, et en navigation facile, avec, non des écluses élevées, mais des sas en tenant lieu, avec système de *portes multiples*, pour les utilités diverses, et pour passer rapidement, en tout temps, sans inondation possible et sans aucun pont coupé ni tournant, sauf un seul peut-être, et, de plus, sans rien changer aux droits des riverains, sans inquiéter l'agriculture, ni le cours de la Seine, ni ses bords, sans empiéter sur aucun droit de batellerie, — enfin, par mon Projet, qui satisfait à tout, respecte tout, et n'embarrasse personne, ni route, ni chemin de grande ou de petite voierie, ni chemin de fer, ni aucune industrie, — la distance n'est que de 100 kilomètres au lieu de 170, — 70 kilomètres de moins, c'est-à-dire, plus du *tiers :* les 7/17es exactement, — sur le parcours restant, — pour venir, Vous, jusqu'à Clichy-Saint-Ouen, et Moi, jusqu'à Paris réellement.

Prenons maintenant tous vos calculs de fret, de tonnage, de temps, de vitesse, etc. (et même, pour la vitesse, la facilité pour Moi de la direction en ligne presque droite l'accroîtra) ; mais ne changeons rien aux calculs, ni aux prévisions de votre Société du Canal, non plus qu'à celles de Messieurs les Ingénieurs des Ponts et Chaussées, — dans tous les cas, et dans toutes circonstances, — vous aurez, par mon Plan, plus du tiers d'économie de temps et de dépense pour la navigation, puisque ce sera les 7/17es, et le tableau suivant, calculé pour 7/18es, à raison des 15 kilomètres 680 m. de plus, qui sont communs, à partir de la coupe d'Oissel, — mis sous les yeux de la navigation elle-même, marchande ou autre, je m'en rapporte aux intérêts en présence et en jeu, pour vous dire que votre canal deviendra forcément tributaire d'un autre plus avantageux, — la proportion étant celle-ci : 100 kilomètres à parcourir au lieu de 170. D'où le TABLEAU SUIVANT :

LES PROJETS	DISTANCE	DURÉE DU TRAJET	HEURES SUPPOSÉES				
Pour venir à Saint-Ouen sur la distance (à partir de la coupe d'Oissel)	170 kil.	Et en durée de trajet supposé être de. . (Pour venir à Saint-Ouen, 8 Kil. de Paris).	12^h	18^h	24^h	30^h	ou 36^h
Pour venir à Paris par Suresnes, Saint-Cloud et Sèvres	100 kil.	Dans les mêmes cas ou prévisions. . .	7^h20	11^h	14^h40	18^h20	ou 22^h
Bénéfice, pour ce dernier.	70 kil.	D'où les bénéfices de temps	4^h40	7^h	9^h20	11^h40	ou 14^h

(En venant au centre de Paris, sans rompre charge).

Ainsi, selon les calculs divers, sans tenir compte de la navigation par les courbes, dont vous discutez tant, on gagne certainement en temps, sur : 12^h, 18^h, 24^h, 30^h, ou 36 heures, — on gagne dis-je, (bénéfice) : $4^h40'$, 7^h, $9^h40'$, $11^h40'$, ou 14 heures, — sur vous, et l'on apporte, au centre même, des denrées, pour lesquelles il vous faudra des docks, des déchargements et des rechargements divers, pour faire encore *huit kilomètres*, pour venir au même centre que mon projet atteint directement, — navire chargé. Nous verrons bien si l'intérêt public, qui se compose des intérêts particuliers, ne vous forcera pas à subir mon Projet, malgré toutes concessions, dont on n'aura d'ailleurs nullement besoin de s'embarrasser, — puisque les concessionnaires eux-mêmes seront forcés de les délaisser.

Sans compter que Paris, doté par vous d'un port superbe à Saint-Ouen, se trouverait dans tout l'intérieur triste et maussade, au lieu d'avoir, comme le fait mon Projet, toute sa Seine de l'intérieur garnie de navires sur les deux rives, de Suresnes à Bercy ; — car, en arrivant, navires chargés, on devrait venir naturellement, pour prendre ou faire livraison des marchandises, directement, sur les ports mêmes, dans toutes les directions de Paris, — comme on le fait. (Voir à l'appui la figure B ci-contre des tracés comparés dont il est parlé).

Et ce n'est pas tout ; car nous n'avons ainsi parlé que de la canalisation seulement de la Seine, de Paris à Rouen, tandis qu'il faut aussi penser à canaliser la Seine en vue de sa navigation directe, de Paris à la Mer et au Havre, — sans passer même par Rouen. Or, dans cette disposition, le Projet à l'enquête ne peut plus même souffrir aucune comparaison. Il serait par là même condamné, et c'est ce qu'il ne faut pas ; car il est bon, je le répète, qu'on l'exécute tel qu'il est proposé.

Cependant, il me faut bien indiquer ce que mon Brevet a calculé, prévu et assuré pour mon Projet personnel breveté.

La Seine canalisée, si l'on suppose que l'on doive s'arrêter à la navigation par Rouen, l'on a bien tort ; car, de *Pont-de-l'Arche*, soit que l'on passe par *Elbeuf*, par la Seine, ou soit qu'on se dirige en tunnel vers *Elbeuf* directement, ou en canalisation de l'*Eure* par Pont-de-l'Arche et la boucle d'Elbeuf coupée vers *Criquebeuf*, dans la direction de *la Bouille* sur la Seine, en traversant les deux boucles de *Mauny* et de la *forêt de Bretonne*, on arrive à *Vieux-Port* ou vers Trouville, en vue de Quillebeuf, à l'embouchure de la Seine, c'est-à-dire à la Mer réellement, et directement ainsi de Paris à la Mer, sans même passer par Rouen. Or, quelle canalisation faut-il ajouter à celle supposée allant à Rouen ? Nous avions vers Rouen 110 kil.. pour aller par Elbeuf, ou par la coupe de la boucle d'Elbeuf directement jusqu'à la Seine, entre Vieux-Port et Trouville ; de Paris, l'on a 132 kilomètres, et, avec 4 kil. jusqu'à Quillebeuf, cela fait en tout 136 kilomètres, de Paris jusqu'à la Mer, ou 34 lieues.

Or, de la Mer à Paris, directement ainsi, la distance (136 kil.) est moindre que celle de Rouen à Paris par la canalisation projetée et mise à l'enquête, qui est de 185 kilomètres 680 mètres. La navigation de Paris aura donc intérêt à ne pas passer par Rouen, et tous les calculs de la Société de construction de Saint-Ouen à Rouen sont ruinés. Il y a, en effet, 49 kil. 680 mètres de moins, sans compter toute la navigation de Quillebeuf à Rouen, qui est en plus (81 kil. environ), ce qui fait que la canalisation directe jusqu'à la Mer économise sur la navigation par Rouen (49 + 81 kil.) plus de la moitié du trajet, — en passant ou ne passant pas par Rouen, — 130 kilomètres, — total supérieur même à mon tracé vers Rouen, qui est de 115 kilomètres. (Il n'y aurait ainsi à ajouter que 18 à 20 kil. pour aller jusqu'à la mer.)

Bien fous seront les navires qui ne préfèreront pas la traversée directe, sans compter que toutes les difficultés connues de la navigation actuelle seront ainsi évitées : les frais de Rouen, les courbes et tous les ponts tournants, puis les écluses et le reste ! — Il ne faut pas être grand prophète pour prédire les résultats.

———

— Enfin, notons que, de Trouville ou Quillebeuf, les navires prenant le canal de Tancarville, en face, on arrive au Havre directement, de même qu'on peut aussi venir directement du Havre, et arriver ainsi directement à Paris, — et jusqu'au centre, sans avoir à passer par Rouen.

———

Mais, Paris, supposé aussi Port-de-Mer, il y a bien d'autres conséquences que celles étudiées par la Société du Canal de navigation de Saint-Ouen à Rouen, et qui doivent être prises en considération sérieuse.

Paris ne s'accommodera pas facilement de voir son centre d'activité transporté à Saint-Ouen, comme les auteurs du Projet le supposent.

On a déjà parlé du Projet de l'amélioration de la Seine en amont de Paris jusqu'à Montereau ; mais, au Brevet dont je parle, il est un grand Projet de Canal, moitié fluvial et moitié maritime, qui ne manquera pas de devenir nécessaire, quand les navires arriveront de la mer de la Manche à Paris, même par la canalisation de la Seine. C'est un grand Canal en direction vers l'Océan.

Puis, l'on aura toujours la pensée du Canal réellement maritime de Dieppe à Paris, et qui arrive, lui, dans la plaine même de Saint-Ouen, au versant de Montmartre. Pour ce projet futur, le port proposé pour Saint-Ouen sera tout à fait profitable ; mais, d'ici là, le port de Saint-Ouen pourra attendre bien du temps.

Or, on parle maintenant d'un autre Canal maritime qui viendrait de Boulogne-sur-Mer pour aboutir vers le même point que le projet du Canal de Dieppe à Paris par M. Lebreton, c'est-à-dire plus exactement au canal actuel de Saint-Denis et à la plaine de Pantin.

Moi-même, en mon Brevet, modifiant le Projet Lebreton, en vue d'obtenir la Mer à Paris, suivant le même tracé, mais avec l'intention d'éviter les fouilles profondes (35 mètres au-dessous du sol) de la plaine de Saint-Ouen, et pour avoir la Mer réelle à niveau du sol, à Saint-Ouen même, j'ai aussi pu chercher à faire de Paris un véritable port de mer, avec la Mer elle-même ; c'est pourquoi il m'est fort agréable de voir les progrès faits dans l'opinion publique en faveur de cette grande Idée, qui, — ce n'est que question de temps, — sera certainement une réalité de l'avenir ; et c'est pourquoi aussi, de toutes mes forces et de tous mes souhaits, j'appelle la réalisation du projet mis à l'enquête ; — mais j'estime que ces messieurs auraient plus de mérite, et un prestige non moindre, s'ils s'efforçaient, dans leur sphère d'activité, de combiner leur grand Projet, que j'approuve, de manière à faire entrer dans leurs calculs pour l'avenir les mécomptes qu'à mon sens ils auraient pu prévoir afin de les éviter. Le Progrès ne se peut jamais arrêter. Les ingénieurs de 1880, en bornant la Seine à une profondeur de 3 m. 20, ont été au-dessous de leur tâche, et vous les engagez à se déjuger à dix ans de distance ; ils s'y opposent, c'est naturel. Eh bien ! vous-mêmes, si vous demeurez au-dessous de la vôtre, votre Projet exécuté, votre Société n'en pourra pas profiter ; car les œuvres qui sont réellement profitables sont celles-là seules qui font entrer dans leurs calculs l'importance réelle qu'aucun temps ne peut jamais modifier. On dit bien, je le sais, que le mieux est parfois l'ennemi du bien ; mais il est reconnu aussi que le trop peu est fort souvent l'ennemi de soi-même.

Paris, 28-30 octobre 1890.

JULES ALLIX

62, rue Tiquetonne, Paris.

IV

———

Quatrième Note

« Paris, le 6 novembre 1896.

« *A Monsieur le Ministre des Travaux Publics.*

« Par mes trois Notes précédentes, j'ai eu l'honneur de signaler à Monsieur le Ministre des Travaux publics, et aussi aux promoteurs du Projet mis à l'enquête, le Projet breveté dont je suis l'auteur, et je pensais qu'il était utile, pour l'Enquête même, que des détails fussent ajoutés ; mais l'enquête doit être close assez promptement, et je trouve que ce qui précède suffit pour que mon Projet soit assuré de venir en temps utile devant les Pouvoirs publics.

« Relativement à la réclamation, par moi indiquée, à l'égard de la coupe des deux boucles, dites au Projet : « Coupes des boucles de Sartrouville et de Tourville », je ne désire pas cependant que l'enquête se puisse clore et conclure sans préciser nettement le droit qui m'appartient, en vertu de mon Brevet en date du 15 mai 1880, et j'ai l'honneur de faire savoir aux promoteurs, à qui, d'ailleurs, copie de cette Note sera transmise, que, sans vouloir en rien empêcher l'exécution de leur Projet, j'ai le droit de revendiquer, comme exécution, la coupe des deux boucles dont s'agit, ainsi que mon Brevet me l'attribue, — comme on peut le vérifier en se reportant, au Ministère, à l'original du Brevet (Description et Atlas) dont s'agit, et qui a pour titre : « *Le Moteur hydraulique perpétuel,* » et notamment en se reportant à la figure *cinquante-et-unième* de l'Atlas, où les deux coupes en question sont notées et nettement indiquées, puis marquées a et f, ainsi que l'on peut s'en assurer en consultant l'Atlas et la Description du Brevet et la Légende de la Figure.

« Ceci indiqué, la Notification en sera faite comme de juste à qui de droit, afin de réserver le droit positif d'exécution que mon Brevet peut me donner, en ce qui concerne l'exécution que vous avez, Messieurs les Promoteurs du Projet mis à l'enquête, cru devoir comprendre, dans votre Projet, la coupe des deux boucles dont s'agit, et que mon Brevet revendique, sous toutes les réserves de droit et de propriété ou autres, que je fais aussi en vertu du Brevet dont s'agit, que j'ai l'honneur ainsi de vous faire connaître.

« Ainsi donc, et sous toutes réserves envers et contre tous, je fais connaître ici à Monsieur le Ministre, ainsi qu'à Messieurs les Promoteurs du Projet à l'enquête, et je notifie, dans l'Enquête et par l'Enquête, le droit que je maintiens mien par mon Brevet en date du 15 mai 1880.

« Et ai signé :

« JULES ALLIX

« *62, rue Tiquetonne, Paris.* »

NOTIFICATION A LA SOCIÉTÉ D'ÉTUDES DE PARIS-PORT DE MER

Paris, le 6 novembre 1890.

A Monsieur Thomasset, Président de la Société d'études de Paris-Port de Mer.

A Monsieur Bouquet de la Grye, Ingénieur, et auteur du projet de Paris-Port de Mer, mis à l'enquête officielle.

A Monsieur Gomot, ancien Député, et aux Membres de la Société d'études de Paris-Port de Mer, dont le Siège social est à Paris, rue de la Sourdière, n° 20.

« Messieurs,

« Conformément à ce qui est dit dans la Note ci-après, j'ai l'honneur de vous transmettre, en ce qui vous concerne, la copie de la Notification par moi faite, dans l'Enquête et par l'Enquête, à qui de droit, du droit d'exécution, qui m'appartient en vertu de mon Brevet d'invention, en date du 15 mai 1880, comme il est dit en la Note même écrite par Moi cejourd'hui au cahier de l'Enquête, — dont copie :

« Paris, le 6 novembre 1890.

« *A Monsieur le Ministre des Travaux publics.*

« Par mes trois Notes précédentes, j'ai eu l'honneur de signaler à Monsieur le Ministre des Travaux publics, et aussi aux promoteurs du Projet mis à l'enquête, le Projet breveté dont je suis l'auteur, et je pensais qu'il était utile, pour l'Enquête même, que des détails fussent ajoutés ; mais l'enquête doit être close assez promptement, et je trouve que ce qui précède suffit pour que mon Projet soit assuré de venir en temps utile devant les Pouvoirs publics.

« Relativement à la réclamation, par moi indiquée, à l'égard de la coupe des deux boucles, dites au Projet : « Coupes des boucles de Sartrouville et de Tourville », je ne désire pas cependant que l'enquête se puisse clore et conclure sans préciser nettement le droit qui m'appartient, en vertu de mon Brevet en date du 15 mai 1880, et j'ai l'honneur de faire savoir aux promoteurs, à qui, d'ailleurs, copie de cette Note sera transmise, que, sans vouloir en rien empêcher l'exécution de leur Projet, j'ai le droit de revendiquer, comme exécution, la coupe des deux boucles dont s'agit, ainsi que mon Brevet me l'attribue, — comme on peut le vérifier en se reportant, au Ministère, à l'original du Brevet (Description et Atlas) dont s'agit, et qui a pour titre : « *Le Moteur hydraulique perpétuel,* » et notamment en se reportant à la figure *cinquante-et-unième* de l'Atlas, où les deux coupes en question sont notées et nettement indiquées, puis marquées *a* et *f*, ainsi que l'on peut s'en assurer en consultant l'Atlas et la Description du Brevet et la Légende de la Figure.

« Ceci indiqué, la Notification en sera faite comme de juste à qui de droit, afin de réserver le droit positif d'exécution que mon Brevet peut me donner, en ce qui concerne l'exécution que vous avez, Messieurs les Promoteurs du Projet mis à l'enquête, cru devoir comprendre dans votre Projet, la coupe des deux boucles dont s'agit, et que mon Brevet revendique, sous toutes les réserves de droit et de propriété ou autres, que je fais aussi en vertu du Brevet dont s'agit, que j'ai l'honneur ainsi de vous faire connaître.

« Ainsi donc, et sous toutes réserves envers et contre tous, je fais connaître ici à Monsieur le Ministre, ainsi qu'à Messieurs les Promoteurs du Projet à l'enquête, et je notifie, dans l'Enquête et par l'Enquête, le droit que je maintiens mien par mon Brevet en date du 15 mai 1880.

« Et ai signé :

« JULES ALLIX
« 62, rue Tiquetonne, Paris. »

« Messieurs,

« La copie de la Note ci-dessus et l'envoi que j'ai l'honneur de vous en faire, par lettre recommandée, est une formalité nécessaire, dont vous ne pouvez pas ignorer l'utilité ; mais je ne voudrais pas qu'il vous apparût par là que je pusse être animé d'aucun désir d'hostilité contre votre propre Projet, que j'approuve au contraire, ainsi que j'ai eu l'honneur de vous le faire connaître, et c'est pourquoi, sous toutes réserves de droit, mais en toute sympathie pour votre Œuvre, je vous prie de vouloir bien agréer, Messieurs, l'expression de ma considération la plus distinguée.

« JULES ALLIX
« 62, rue Tiquetonne, Paris. »

— Le reçu de la Poste, en date du 7 novembre 1890, porte: Nom et domicile du destinataire : Ad^{rs} Société d'études, Paris-Port de Mer, 20, Sourdière. Port : 0 fr. 40.

V

Conclusion

Les deux Projets Jules Allix et Bouquet de la Grye ne se font point obstacle l'un à l'autre.

Si la concession demandée par la Société de Paris-Port de Mer est accordée, ils seront exécutés tous les deux.

Dans cette situation, je fais des vœux pour que la concession soit votée, mais je mets en regard les avantages de mon propre tracé breveté, pour que le Parlement soit édifié quant aux résultats à venir.

En résumé, mon tracé économise 70 kilomètres de Paris à Rouen, soit 7/18 d'économie pour la navigation, plus du tiers, et de Paris à la Mer 130/266, près de la moitié en chiffres, et plus de la moitié en réalité, à cause des frais évités.

A prix égal pour la construction, l'avantage serait pour mon tracé ; mais sa construction en serait au contraire beaucoup plus économique, quand même elle serait plus coûteuse, vu les économies multipliées chaque jour pour tous les navires et toutes choses quant à la navigation.

Eh bien ! avec ces avantages, sans compter celui de respecter intégralement le cours même de la Seine et tous les droits acquis des riverains pour l'agriculture et l'industrie, « *la construction, même grandiose, de mon Projet coûterait moins* ».

Et la défense nationale de Paris serait encore mieux assurée par les chemins couverts des tunnels que par tous les ouvrages de tactique militaire à construire, ou par tous les monitors armés circulant sur le canal, que l'on a pu tant vanter.

La parole est d'ailleurs au Parlement, qui sans doute ne manquera pas de s'inspirer des intérêts vrais et de l'honneur même de la France, dans sa décision à intervenir sur cette grande question de Paris-Port de Mer.

JULES ALLIX

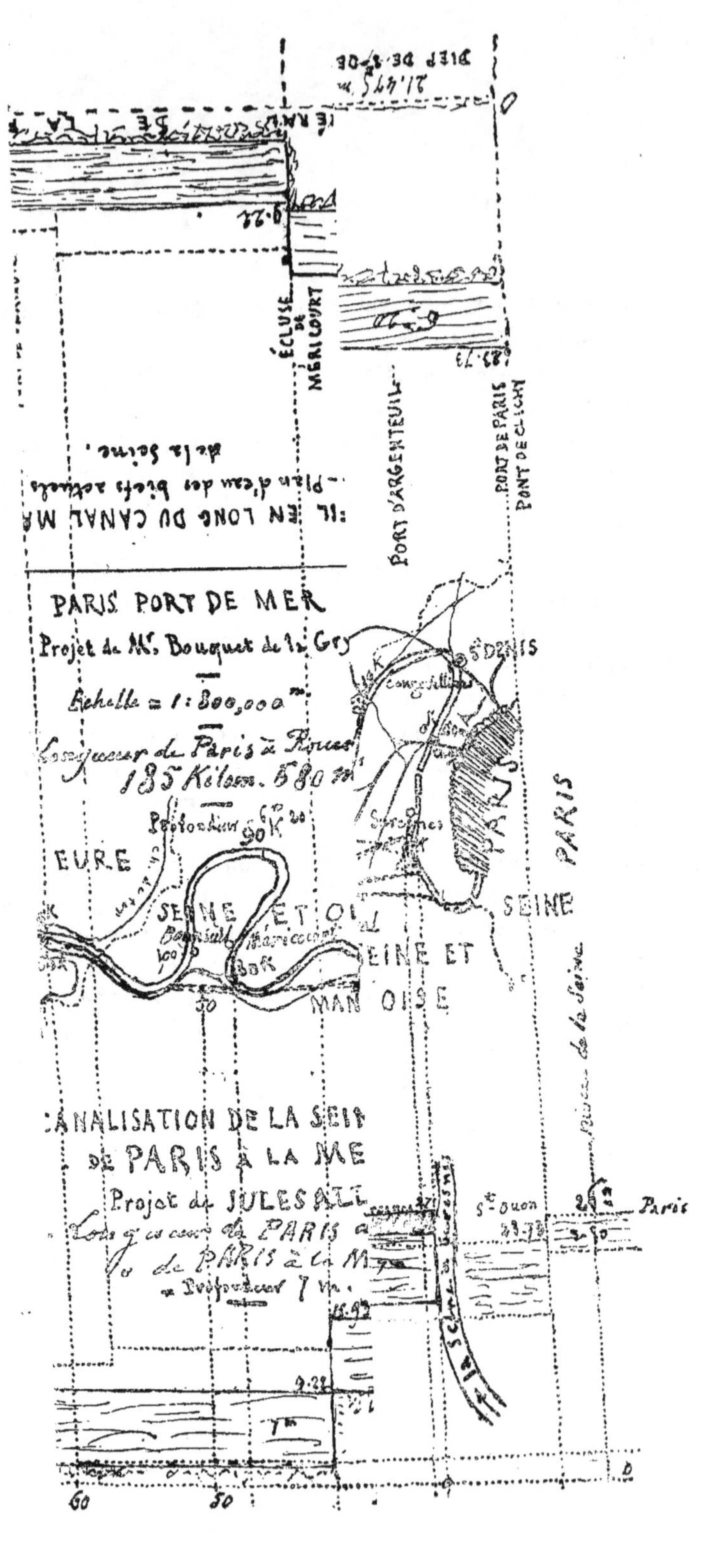
DIEP DE 8.06
21,475 m
ÉCLUSE DE MÉRICOURT
IL EN LONG DU CANAL MA
Plan d'eau des biefs actuels
de la Seine.
PARIS PORT DE MER
Projet de Mr. Bouquet de la Grye
Echelle = 1:800,000 m
Longueur de Paris à Rouen
185 Kilom. 580 m
Profondeur 90 K
EURE
SEINE ET OISE
SEINE ET MAN OISE
PARIS
SEINE
S.T DENIS
PORT D'ARGENTEUIL
PONT DE PARIS
PONT DE CLICHY
CANALISATION DE LA SEINE
DE PARIS À LA MER
Projet de JULES ...
Longueur de PARIS à ...
de PARIS à la Mer
Profondeur 7 m.
St Ouen
Paris

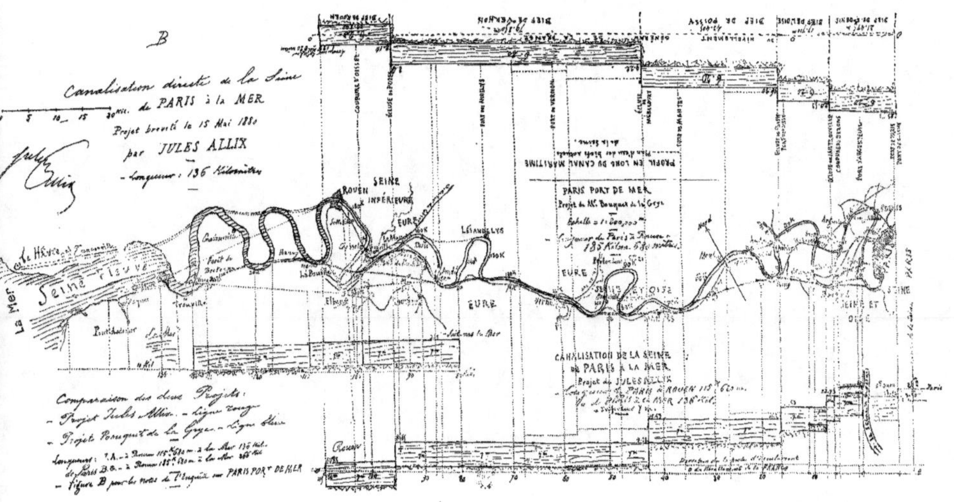
B
Canalisation directe de la Seine
de PARIS à la MER
Projet breveté le 15 Mai 1880
par JULES ALLIX
Longueur : 136 Kilomètres
La Mer
Le Hâvre et Tancarville
SEINE FLEUVE
ROUEN
SEINE INFÉRIEURE
EURE
LÉS ANDELYS
PROFIL EN LONG DU CANAL MARITIME
PARIS PORT DE MER
Projet de Mr. Bouquet de la Grye
Echelle : 1/600,000
Parcours de Paris à Rouen
185 Kilom. 680 mètres
EURE
SEINE ET OISE
SEINE ET OISE
CANALISATION DE LA SEINE
DE PARIS À LA MER
Projet de JULES ALLIX
Comparaison des deux Projets
Projet Jules Allix — Ligne rouge
Projet Bouquet de la Grye — Ligne bleue